ZÉLOÏDE,

OU

LES FLEURS ENCHANTÉES.

Les Paroles sont de M. Etienne.
La Musique est de M. Lebrun.
Les Ballets sont de M. Milon.

ZÉLOÏDE,

OU

LES FLEURS ENCHANTÉES,

OPÉRA EN DEUX ACTES,

REPRÉSENTÉ POUR LA PREMIÈRE FOIS SUR LE THÉATRE DE
L'ACADÉMIE ROYALE DE MUSIQUE, LE 19 JANVIER 1818.

A PARIS,

Chez ROULLET, Libraire de l'Académie royale de Musique,
rue des Poitevins, n° 7.

1818.

IMPRIMERIE DE LE NORMANT, RUE DE SEINE, N°. 8.

Cet ouvrage n'est point tiré des Contes arabes, comme on l'a dit, c'est dans une Pastorale anglaise de Garick, intitulée *Cymon*, que j'en ai puisé le sujet. Il m'a semblé que l'idée principale étoit assez gracieuse, et qu'elle pouvoit donner lieu à d'agréables tableaux. Euterpe et Melpomène doivent, sans doute, tenir le premier rang à l'Académie Royale de Musique; mais Erato peut aussi y faire entendre quelquefois ses doux accens. D'ailleurs, le genre de la pastorale comique et de la féerie n'est pas nouveau au grand Opéra; long-temps on y représenta des intermèdes qui faisoient une agréable diversion aux ouvrages sérieux, et il existe dans ce genre nombre de bagatelles charmantes de Laujon, de Moncrif, et d'autres auteurs qu'on reverroit encore avec plaisir : l'Académie Royale de Musique n'est-elle pas consacrée aux prestiges de tous les arts? On peut, comme je l'ai dit à l'occasion du *Rossignol*, la comparer au Muséum, où l'on aime à voir au-dessous des grandes compositions historiques, quelques rians paysages et quelques petits tableaux de chevalet.

ACTEURS ET ACTRICES

CHANTANT DANS LES CHOEURS.

BERGERS MARIÉS.
Mrs Courtin, Begrez, César, Martin, Lalande, Rey.

BERGÈRES MARIÉES.
Mmes Bénard, Lorotte, Blangy, Lebrun, Ménard aînée, Falcos.

SUITE D'URGANDE. — CHEVALIERS.
Mrs Lecoq, Picard, Pouilley, Romero, Vaillant, Gaubert, Ménard père, Legros.

DAMES D'HONNEUR.
Mmes Reine, Maze, Level, Gallet, Fasquel, Rollet, Gambin, Olivier.

MONTAGNARDS.
Mrs Murgeon, Léger, Dumas.
Mmes Hinm, Bertrand, Chevrier, Valain, Cantagrel, Fenouillée.
Mrs Leroy, Aubé, Prévost, Levasseur.

BERGERS.
Mrs Gousse, Sylvain, Gontier.
Mmes Lachnith-Augusta, Proche, Lacombe, Ménard cadette.
Mrs Dussard, Delboy, Lamothe, Guignon, Richetaux.

PERSONNAGES DANSANS.

NOBLES DE LA SUITE DE LA FÉE URGANDE.
Mr Montjoye, Mme Élie,

Mrs Seuriot, Petit 1er, Rivière, Godefroy, L'Enfant 1er,
Louis.

Mlles Adélaïde, Noblet, Buron, Boucher, Darmancourt,
Proche.

BERGERS.
Mrs Maze, Romain, Péqueux, Pupet, Fauchet, Petit 2me.

Mlles Vigneron, Brocard 2me, Geneveaux, Seuriot 2me,
Barrée, Joubert.

MONTAGNARDS.
Mr Beaupré, Mlle Marinette-Boissière.

Mrs Auguste, Ève, Gogot, Beauteint, Groneau, Martin.

Mlles Angeline, Seuriot 1re, Lemonier, Baudesson,
Devarène, Pensard.

SYLPHES ET SYLPHIDES.
Mr Paul, Mme Fanny Bias, Mme Courtin.

Mrs Gosselin, Leblond, Ragaine 1er, Mignot, Guiffard,
L'Enfant 2me.

Mlles Peres, Farci, Templemont, Rousselot, Bassompierre,
Roland.

MUSICIENS.
Mrs Richard 1er, Richard 2me, Crombé 1er, Desforges,
Faucher 2me, Virmentois.

Mlles Paul, Mangin, Berry, Bertrand, Leroux 1re, Goyon.

AMOURS.
Mrs Feltys, Pillain, Guiot, Olivier 2me, Chatillon 2me,
Ragaine 2me.

Mlles Aubert, Beaupré, Maillet, Leroux 2me, Bougleux,
Vallard.

PERSONNAGES.	ACTEURS.
LA FÉE URGANDE,	Mlle Paulin.
ZIRPHILE, sa suivante,	Mme Branchu.
ZÉLOÏDE, jeune Princesse,	Mme Albert.
L'ENCHANTEUR MERLIN,	M. Derivis.
ALMÉDOR, jeune Prince,	M. Lecomte.
COLIBRADOS, Gouverneur de l'Ile,	M. Lays.

La Scène se passe dans l'Ile des Fleurs.

ZÉLOÏDE,

OU

LES FLEURS ENCHANTÉES,

OPÉRA.

Le Théâtre représente un Paysage très-riant; à droite on voit l'entrée du palais d'Urgande, et au bout du palais un pavillon fermé par une grille qui donne sur la campagne. En face du palais sont plusieurs habitations champêtres.

ACTE PREMIER.

SCÈNE Iʳᵉ.

ZIRPHILE, COLIBRADOS.

ZIRPHILE.

Seigneur Colibrados.....

COLIBRADOS.

Je ne puis vous parler.
En vérité, je perds la tête.

ZIRPHILE.

Qui peut donc ainsi vous troubler?

COLIBRADOS.

Je pense aux détails de la fête ;
Aujourd'hui, tout vient m'accabler :
Pour la couronne nuptiale,
Six bergères en ce beau jour ,
   Vont céder à l'amour
   La couronne virginale ;
Et vous sentez quel embarras
Me donne la cérémonie.

ZIRPHILE.

Eh! non, je ne le conçois pas,
Ce n'est pas vous que l'on marie.

COLIBRADOS.

Je n'ai personne pour m'aider,
   Et je dois présider
   Au festin, à la danse.
Des affaires ici je porte seul le poids ;
Car je ne sais vraiment à quoi la reine pense.

ZIRPHILE.

Ah! moi je le sais bien.

COLIBRADOS.

         Les plaisirs et les lois,
   L'amour et la politique ,
   La justice et la musique,
   Tout me regarde à la fois.

ZIRPHILE.

La fête aussi sera charmante.

COLIBRADOS.

Zirphile, elle sera brillante :
Vous les verrez, ces couples amoureux ;
Qu'ils sont jolis ! qu'ils sont heureux !
Non, jamais union ne fut aussi touchante :
C'est mon ouvrage, et j'en suis glorieux.

AIR.

J'ai vu naître leur tendresse,
J'ai vu naître leur amour ;
Ah ! quelle céleste ivresse :
C'est le matin d'un beau jour.

Oui, l'Amour et l'Hymen ici font alliance ;
Ils sont, dans ce beau séjour,
Réunis par l'innocence.
Il me tarde déjà que la fête commence :
C'est un spectacle si doux
Que le bonheur des époux !

J'ai vu naître, etc.

SCÈNE II.

COLIBRADOS, URGANDE, *avec plusieurs Dames
de sa suite*, ZIRPHILE.

COLIBRADOS.

La pompe de l'hymen s'apprête.
Que les époux seront heureux
Si vous daignez, Madame, assister à la fête !

LA FÉE URGANDE.

Oui, je veux gouverneur, présider à vos jeux :

Qu'une brillante fête ici soit préparée ;
Que l'ile offre partout l'image du plaisir.
Allez tout disposer pour la pompe sacrée ,
Et quand tout sera prêt revenez m'avertir.

(*Colibrados salue la reine, et entre au palais.*)

SCÈNE III.

URGANDE, ZIRPHILE.

LA FÉE URGANDE.

Où donc est Almédor ?

ZIRPHILE.

Je ne puis vous le taire :
Il s'enfuit aussitôt qu'il vous voit approcher.

LA FÉE URGANDE.

Mais, Zirphile, avec lui tu prends un ton sévère :
Il ne faut pas l'effaroucher.

ZIRPHILE.

Madame, en lui, je vous supplie,
Dites-moi ce qui vous séduit.

LA FÉE URGANDE.

Il est intéressant, sa figure est jolie.

ZIRPHILE.

Mais il n'a pas l'ombre d'esprit.
Ah ! quelle différence ,
Quand vous aimiez Merlin :
Pour lui, si j'en crois l'apparence,
Vous ne soupiriez pas en vain.

LA FÉE URGANDE.

Je vins à son départ résider dans cette île.
Voilà deux ans, deux ans ! ah ! c'est bien long, Zirphile !

ZIRPHILE.

Oui, je le sais, c'est un tort d'être absent ;
Mais c'en est un aussi d'être trop innocent.

LA FÉE URGANDE.

C'est qu'il est ingénu, timide......

ZIRPHILE.

Ingénu ?..... Le terme est poli !
Allons, c'est un prince accompli :
Ainsi votre amour le décide.

AIR.

Qu'il est charmant ! Dans tout le jour
Il ne dit pas une parole ;
Et, quand vos yeux sont pleins d'amour,
Les siens sont occupés d'un papillon qui vole.
Vraiment, vraiment,
Il est charmant.
Encore, s'il étoit sensible !
Mais vous n'avez pu le charmer :
Il est incapable d'aimer ;
Moi-même j'ai fait l'impossible !
A lui parler de vos attraits,
En vain je m'évertue :
Je crois qu'avec plus de succès
J'animerois une statue.
Vraiment, vraiment,
Il est charmant.

LA FÉE URGANDE.

Je vais donc bien te surprendre ?
Oui, ce marbre doit s'animer :
Par mon art je viens de l'apprendre.
Le jour qu'il sera libre, Almédor doit aimer.

ZIRPHILE.

Mais, Madame, s'il part, croyez-vous qu'il revienne ?

LA FÉE URGANDE.

D'Urgande, pour toujours, je veux qu'il se souvienne.
Connois-tu de ces fleurs le pouvoir souverain ?
A le fixer ici je les ai destinées.
    On voudroit s'éloigner en vain
    De celle qui les a données :
    Nuit et jour il faut y penser,
    Et l'oublier est impossible.
    Tel est leur charme irrésistible,
Que rien du souvenir ne sauroit l'effacer.
    Avant que de ces lieux il sorte,
Le timide Almédor les recevra de moi.

ZIRPHILE.

Voulez-vous que je les lui porte ?

LA FÉE URGANDE.

Alors il penseroit à toi :
Leur charme n'agit pas pour ma seule personne.
    Ces fleurs font souvenir
    De la dernière qui les donne.
    (On aperçoit Almédor courant dans les bosquets.)

ZIRPHILE.

A travers les bosquets le voyez-vous courir ?
Le voilà qui s'approche ; allons, il faut ouvrir.

SCÈNE IV.

URGANDE, ZIRPHILE, ALMÉDOR.

ZIRPHILE.

Sortez, beau prisonnier; ici l'on vous desire.

LA FÉE URGANDE.

Avez-vous, Almédor, quelque chose à me dire?

ALMÉDOR.

Ah!.....

URGANDE *à Zirphile*.

Zirphile, il soupire!......

(*A Almédor.*)

Pourquoi soupirez-vous?

ALMÉDOR.

Je soupire d'ennui.

ZIRPHILE.

On n'est pas plus naïf que lui.

LA FÉE URGANDE.

Qu'avez-vous? répondez.

ALMÉDOR.

Une tristesse extrême.

LA FÉE URGANDE.

Que sentez-vous au fond du cœur?

ALMÉDOR.

Rien.

ZIRPHILE.

Hé bien, c'est flatteur.

LA FÉE URGANDE.

Pourtant vous habitez un séjour enchanteur.

ALMÉDOR.

Oui; mais il est toujours le même.

LA FÉE URGANDE.

Soyez donc, Almédor, libre dès ce moment.

ALMÉDOR.

Je puis aller partout? Oh! que je suis content!

LA FÉE URGANDE.

Mais dans un âge si tendre,
Que de malheurs pourroient vous arriver!
Contre eux il faut vous préserver,
Et j'ai voulu vous en défendre.

AIR.

Acceptez de ma main
Ces fleurs fraîches écloses;
Et que toujours ces roses
Restent sur votre sein.

Ne quittez pas ce gage
D'un tendre souvenir;
Voyez-y le présage
D'un heureux avenir.

Dans un péril extrême
Il peut vous protéger.
Adieu; n'oubliez pas qu'en ces lieux l'on vous aime;
Toujours ce doux emblème
Vous y fera songer.

                    (*Cet air finit en trio.*)

SCÈNE V.

ALMÉDOR seul.

Je puis donc librement parcourir les campagnes,
M'égarer dans les bois, et gravir les montagnes !
   Ah ! j'en ai jugé par mes yeux,
Sans être libre, on n'est jamais heureux.

AIR.

   Un oiseau, par son doux ramage,
   Charmoit tous les échos des bois ;
   Il est tombé dans l'esclavage ;
   Soudain il a perdu la voix.
   Ah ! me suis-je dit à moi-même,
      Dès qu'il n'a plus chanté ,
   Ici bas le bonheur suprème
      Est donc la liberté.

   J'ai souvent pris, dans les bruyères,
   Des fauvettes avec leurs nids ;
   Mais depuis ce jour-là les mères
   Ont abandonné leurs petits.
   S'il est impossible qu'on aime
      Dans la captivité ,
   Ici bas le bonheur suprême
      Est donc la liberté.
         (On entend gronder le tonnerre dans le lointain.)

Mais un sombre nuage
Est tout prêt d'éclater.
Que m'importe l'orage ?
Il ne peut m'arrêter.

(Il sort.)

Merlin et Zéloïde, portés sur un nuage,
traversent les airs.

SCÈNE VI.

MERLIN, ZÉLOIDE.

MERLIN.

HE bien, aimable Zéloïde,
Avez-vous encor de l'effroi ?
Confiez-vous à votre guide ;
Vous avez fait une course rapide :
Mais c'est toujours ainsi qu'on voyage avec moi.

ZÉLOÏDE.

Quel spectacle enchanteur ! A travers la verdure
Brille le tendre émail des fleurs.
Dans le cristal d'une onde pure
Je vois se réfléchir l'éclat de leurs couleurs.
Mille arbustes fleuris embellissent la plaine,
Et du Zéphir la bienfaisante haleine
Embaume l'air des parfums les plus doux.
Quel pays ravissant ! comment le nommez-vous ?

MERLIN.

L'Ile des Fleurs, c'est ainsi qu'on l'appelle ;
Urgande en est la reine : on vante ses attraits.
Avant votre arrivée elle étoit la plus belle.

ZELOÏDE.

Mais, Seigneur, quels sont vos projets ?

MERLIN.

Sur vous j'ai des desseins secrets.
 Par un pouvoir irrésistible,
Zéloïde, vos yeux ont un charme invincible :
On brûle, en vous voyant, du plus ardent amour ;
 La raison s'enfuit sans retour,
Et vous-même aujourd'hui vous deviendrez sensible :
 Vous aimerez à votre tour.

ZELOÏDE.

Eh quoi ! Seigneur, est-il possible ?

MERLIN.

AIR.

Pour être heureux, il faut aimer.
Qu'on soit reine, qu'on soit bergère ;
Il ne suffit pas de charmer,
Il ne suffit pas de plaire,
 Il faut aimer :
Au fond des bois, sur les montagnes,
A la ville, aux champs, à la cour,
On est esclave de l'amour.
Les Chantres des forêts aux premiers feux du jour,
 En parlent tous à leurs compagnes.
Ah ! refuserez-vous d'en goûter les douceurs,

Non, non, c'est impossible.
Jeunesse sans amour est un printemps sans fleurs.
    Zéloïde, soyez sensible.

    Pour être heureux, il faut aimer, etc.

Mais quelqu'un vient ; entrez dans cette humble chaumière,
    En paix vous pourrez l'habiter.
Vous y prendrez l'habit d'une simple bergère ;
C'est ainsi qu'en ces lieux il faut vous présenter.

SCÈNE VII.

MERLIN, COLIBRADOS et sa suite.

TOUS.

QUEL est cet étranger ?

COLIBRADOS.

                Dans les Etats d'Urgande
Qui t'a permis d'aborder ?

MERLIN.

Je sais que sa puissance est grande ;
    Mais en quel lieu qu'il se rende,
Merlin a droit de commander.

TOUS.

    Merlin !

COLIBRADOS, s'inclinant.

Seigneur, excusez mon audace.

MERLIN.

C'en est assez : je te fais grâce ;
Mais à ton tour réponds.

COLIBRADOS.

Que voulez-vous savoir ?

MERLIN.

En ces lieux quel est ton pouvoir ?

COLIBRADOS.

Je suis le gouverneur de l'île,
Et Colibrados est mon nom ;
On y vit heureux et tranquille ;
Je m'y suis fait quelque renom.
  Les lois y sont bienfaisantes,
  Les mœurs y sont innocentes :
  Point de bergers inconstans,
  Point de triste jalousie ;
  L'amour triomphe du temps,
  Et dure autant que la vie.

MERLIN.

Je suis émerveillé de tout ce que j'entends,
Eh! comment faites-vous ?

COLIBRADOS.

Le peuple me contemple ;
Je lui donne à la fois le précepte et l'exemple.
  De tous les foibles penchans
  Avec soin je me préserve ;
Je prêche la morale, et de plus je l'observe.
  Aussi de mes nobles travaux
Je recueille le prix le plus doux pour un sage,
Et j'entends répéter partout sur mon passage :
  Vive Colibrados !

MERLIN.

Monsieur le gouverneur de l'île ;
Je vous fais bien mon compliment.
Ah ! que l'on doit vivre tranquille
Sous votre heureux gouvernement !

COLIBRADOS.

Je reçois votre compliment.

(Merlin entre au palais d'Urgande ; Colibrados le conduit respectueusement jusqu'à la porte , puis il fait signe à ses gardes de le suivre pour aller préparer la cérémonie nuptiale.)

SCENE VIII.

ZÉLOIDE, *sortant de sa chaumière , et ensuite* ALMÉDOR.

ZELOÏDE.

Où Merlin peut-il être ?
Qu'est-il donc devenu ?

ALMÉDOR, *s'arrêtant devant le palais d'Urgande.*

D'abandonner ces lieux je ne suis pas le maître,
M'y voilà ramené par un charme inconnu.
                    (Apercevant Zéloïde.)
Je vois une femme paroître :
A son aspect que je me sens ému !
Qu'elle a l'air séduisant, que sa taille est jolie !

ZELOÏDE.

Je n'ose faire un pas, je crains de m'égarer.
(*Apercevant Almédor.*)
Ciel

ALMÉDOR.

Demeurez, je vous en prie,
Et laissez-moi vous admirer.

ZELOÏDE, *à part.*

Quel son de voix aimable et tendre !

ALMEDOR, *à part.*

Qu'il me tarde de l'entendre !
(*A Zéloïde.*)
Que faites-vous en ces beaux lieux ?

ZELOÏDE.

Je suis une simple bergère.

ALMÉDOR.

Ah! que les bergers sont heureux !
J'aimerois mieux votre chaumière
Que le palais d'Urgande.

ZELOÏDE.

Urgande ! N'est -cepas
La reine de ces climats ?
Tout le monde dit qu'elle est belle.

ALMÉDOR.

Oui ; moi-même je le croyais.

ZELOÏDE.

Vous la connoissez donc ?

ALMÉDOR.

Je demeure auprès d'elle,
Et je ne la quitte jamais.

ZELOÏDE.

L'aimez-vous ?

ALMÉDOR.

Si je l'aime !
C'est ce que tous les jours, c'est ce qu'aujourd'hui même
Elle vouloit savoir de moi ;
Mais mon ignorance est si grande
Que je n'entendois rien à ce mot ! Je vous voi,
Et maintenant je le conçoi.
Faites-moi la même demande :
Je vous comprendrai mieux qu'Urgande.

ZELOÏDE.

Comment vous nommez-vous ?

ALMÉDOR.

L'insensible Almédor.
C'est le nom qu'on me donne ici.

ZELOÏDE.

Est-il possible?
Zéloïde l'insensible :
C'est le nom qu'on me donne aussi.

DUO.

ALMÉDOR.

Ah ! perdons-le tous deux ensemble ;
J'en veux mériter un plus doux.

ZELOÏDE.

Dites-moi donc pourquoi je tremble
Quand je lève les yeux sur vous ?

ALMÉDOR.

Ah ! que de rapports entre nous !
J'éprouve un trouble extrême ;
Depuis que je vous vois,
Je sens battre mon cœur pour la première fois.

ZELOÏDE.

Eh bien, c'est encore de même.

ENSEMBLE.

J'éprouve un trouble extrême ;
Depuis que je vous vois,
Je sens battre mon cœur pour la première fois.

ALMÉDOR.

Urgande me rappelle,
Et je dois vous quitter.

ZELOÏDE.

Un seul instant sans elle
Ne pouvez-vous rester ?

ALMÉDOR.

D'auprès de vous je m'arrache avec peine ;
Mais un charme puissant m'entraîne,
Et je ne puis y résister.

ZELOÏDE.

Etrangère en ces lieux, sans protecteur, sans guide,
Contre tous les méchans qui va me secourir ?

ALMÉDOR.

Vous pleurez, Zéloïde !
Ah ! vos larmes me font mourir.
Acceptez de ma main ces fleurs fraîches écloses ;
Leur charme protecteur écarte tout danger.

(Il lui donne le bouquet.)

2

ZELOÏDE.

Si tel est le pouvoir de ce bouquet de roses,
Avec vous, Alinédor, je veux le partager.

> (*Elle lui en rend la moitié, et place l'autre sur son
> sein. Almédor place aussi sur son cœur les fleurs
> qu'il reçoit de Zéloïde.*)

ENSEMBLE.

Dans le fond de mon âme,
Par quel charme soudain,
Pénètre en trait de flâme,
Un sentiment divin!

ZELOÏDE.

Cher Almédor, de ma pensée
Le temps ne sauroit vous bannir.

ALMÉDOR.

Désormais de mon souvenir
Vous ne serez plus effacée.

ENSEMBLE.

Ah! pour moi quel doux avenir!

ALMÉDOR.

Conservez bien ces fleurs, je vous en prie.

ZELOÏDE.

On m'ôteroit plutôt la vie.

ALMÉDOR.

Et moi, je veux toujours les garder sur mon sein.

ENSEMBLE.

Dans le fond de mon âme
Par quel charme soudain,
Pénètre en trait de flamme
Un sentiment divin.

SCÈNE IX.

ALMÉDOR, ZÉLOIDE, six Bergers et six Bergères
en habits de noces.

FINAL.

CHŒUR.

Ou ! la charmante journée !
Que nous allons être heureux !
Du plus aimable hyménée
Nous allons serrer les nœuds.
Mais quelle est cette étrangère ?
Pour la première fois on la voit en ces lieux.

TROIS BERGERS, *s'approchant d'elle.*

Venez, aimable bergère,
Venez partager nos jeux.

ZÉLOÏDE.

Non, non : je dois quitter ces lieux.

LES TROIS BERGERS.

Ah ! ne soyez pas si cruelle ;
Parmi nous il faut demeurer.
Ici vous êtes la plus belle,
Et chacun doit vous adorer.

TOUTES LES BERGÈRES.

Mais si long-temps près d'elle
Qui peut les retenir ?

2.

LES TROIS AUTRES BERGERS, *aux trois premiers.*

Mais si long-temps près d'elle
Qui peut vous retenir?

(*Apercevant Zéloïde.*)

Ah! grands dieux! qu'elle est belle!

LES BERGERS, *à Zéloïde.*

Restez.

ZÉLOÏDE.

Non, non : je veux partir.

LES BERGERS.

Ah! ne soyez pas si cruelle ;
Parmi nous il faut demeurer.
Ici vous êtes la plus belle,
Et chacun doit vous adorer.

ENSEMBLE.

LES BERGÈRES.

Sur les pas de cette belle
Qui peut donc les attirer?
Les perfides pour elle
Ils osent soupirer.

ALMÉDOR, *à Zéloïde.*

Je vais vous servir de guide.

(*Aux Bergers.*)

Eloignez-vous de Zéloïde,
Ou redoutez mon courroux.

LES BERGERS, *à Zéloïde.*

Ah! belle Zéloïde,
Nous tombons à vos genoux.

LES BERGÈRES.

O ciel ! ils sont à ses genoux!

ZÉLOÏDE, *à Almédor.*

Regagnons ma chaumière.

LES BERGERS *la suivent.*

Nous ne vous quittons pas.

ZÉLOÏDE.

Bergers, craignez de me déplaire.

LES BERGERS.

Nous vous obéissons.

ALMÉDOR.

Et moi, je suis vos pas.

SCÈNE X.

Les six BERGERS et les six BERGÈRES, COLIBRADOS, *suivi de tous les habitans de l'île portant des fleurs, des parfums pour la cérémonie, précédés d'instrumens de musique*

COLIBRADOS.

VENEZ aux pieds de votre reine,
Jeunes amans, tendres époux ;
Venez serrer le nœud si doux
Qui l'un à l'autre vous enchaîne.

(*Les bergers hésitent et s'éloignent.*)

Allons..... Que faites-vous ?

(*Aux bergères.*)

Vous gardez le silence ?
D'une telle froideur que faut-il que je pense ?

ZÉLOIDE,

LES BERGÈRES.

Ah! monsieur le gouverneur,
Vous voyez notre douleur!
Les perfides se dégagent!
Les perfides nous outragent!

COLIBRADOS.

Qu'entends-je? ils se dégagent!

TOUS.

Ils se dégagent!!!

UNE BERGÈRE.

Une étrangère a paru dans ces lieux,
Et cette enchanteresse
Vient jusque sous nos yeux
Nous ravir leur tendresse.

COLIBRADOS.

Oh! dieux, qu'ai-je entendu?
Quel horrible scandale!
Les lois, la pudeur, la morale!
Tout est perdu!

LES BERGERS.

Ecoutez-nous, Seigneur!.....

COLIBRADOS.

Silence!
C'est un événement d'une haute importance!
Depuis que de ces lieux je suis le gouverneur,
On n'avoit vu jamais une telle indécence.
Voilà toute l'île en rumeur;
Mais il y va de mon honneur,
Vous obtiendrez vengeance.

TOUS.

Monsieur le gouverneur.....

COLIBRADOS.

Silence.

'A la reine à l'instant je le ferai savoir.
Je me retire auprès d'elle.
Je saurai remplir mon devoir.

LES BERGERS.

Ah! Seigneur, ayez pitié d'elle;
Elle est si jeune, elle est si belle.

ENSEMBLE.

LES BERGÈRES.

Non, non, point de pitié pour elle;
Seigneur, daignez nous protéger.

COLIBRADOS.

'A mes devoirs vous me verrez fidèle;
Je vous promets de vous venger.

ACTE II.

Le Théâtre représente un site de l'île des Fleurs. Dans le fond on aperçoit le palais d'Urgande, auquel on arrive par une avenue de palmiers. Du côté du palais est un pavillon agreste en fleurs et en verdure, élevé par les bergers et préparé pour la fête. Vis-à-vis est un temple à l'Hymen.

SCÈNE Iʳᵉ.

MERLIN, et ensuite ZIRPHILE.

MERLIN.

Tout succède à mes vœux : l'aimable Zéloïde
    Me vengera d'une perfide
    Qui trahit le plus doux serment.
    Mais est-elle si coupable?
Deux ans d'absence! un fol enchantement!
Pour un instant d'erreur faut-il être implacable?
    Et surtout quand on aime encor.
    Mais je vois venir Zirphile.

ZIRPHILE.

En tous lieux j'appelle Almédor,
Et ma recherche est inutile.

MERLIN.

Il faut la faire parler.

ZIRPHILE, à part.

Oh ciel! Merlin! n'allons pas nous troubler.

DUO.

Zirphile, écoute, et parle avec franchise.

ZIRPHILE.

Que voulez-vous que je vous dise?

MERLIN.

Tant que mon absence a duré......

ZIRPHILE.

Seigneur, nous avons soupiré;
Nuit et jour nous avons pleuré.

MERLIN.

Urgande est toujours fidèle?

ZIRPHILE.

Ah! je puis vous l'assurer.
Vous êtes seul aimé d'elle :
Je suis prête à le jurer.

MERLIN.

Tu pourrois me le jurer?

ZIRPHILE.

Je suis prête à le jurer.

ENSEMBLE.

MERLIN.

De te rendre indiscrète
Je connois le moyen ;
Et grâce à ma baguette
Je t'y forcerai bien.

ZIRPHILE.

De me rendre indiscrète
Il cherche le moyen ;
Je vois ce qu'il projette,
Mais il ne saura rien.

MERLIN *lève sa baguette sans qu'elle s'en aperçoive, et elle devient immobile.*

Il faut rompre le silence :
Qu'on me parle sans détour.
Urgande en mon absence?.....

ZIRPHILE.

A brûlé d'un autre amour.
Comme un autre, s'il voyage,
On oublie un enchanteur.
Un prince, au printemps de l'âge,
A su captiver son cœur.
Pour qu'il devienne sensible,
Urgande a fait l'impossible,
Mais sans vaincre sa froideur.
Que de tourmens elle endure !
Pour lui rendre le repos,
Vous ne pouviez, je vous jure,
Arriver plus à propos.

MERLIN *retire sa baguette, et elle reprend ses sens.*

Maintenant, parle avec franchise.

ZIRPHILE.

Que voulez-vous que je vous dise ?

MERLIN.

Tant que mon absence a duré....

ZIRPHILE.

Seigneur, nous avons soupiré ;
Nuit et jour nous avons pleuré.

MERLIN.

Urgande est toujours fidèle ?

ZIRPHILE.

Ah! je puis vous l'assurer,
Vous êtes seul aimé d'elle.

MERLIN.

Es-tu prête à le jurer?

ZIRPHILE.

Je suis prête à le jurer.

MERLIN.

ENSEMBLE.

De te rendre indiscrète
J'ai trouvé le moyen,
Et grâce à ma baguette
Je n'ignore plus rien.

ZIRPHILE.

De me rendre indiscrète
Il cherche le moyen;
Je vois ce qu'il projette,
Mais il ne saura rien.

Près de la reine il faut me rendre.

MERLIN.

Va, ne te fais pas attendre.
De ta discrétion je te fais compliment.
(*A part.*)
Sans le savoir tu m'as dit clairement
Tout ce que je voulois apprendre.

~~~~~~

SCÈNE II.

ZÉLOIDE, MERLIN.

ZÉLOÏDE.

SEIGNEUR, je tombe à vos genoux ;
Prenez pitié de Zéloïde ;
Vous promîtes d'être mon guide.

MERLIN.

Mon enfant, expliquez-vous.

ZÉLOÏDE.

AIR.

Ah ! pouvez-vous me dire
Quel changement s'est fait en moi soudain ?
J'espère, je soupire ;
Un doux frémissement fait palpiter mon sein.
J'écoutois, sans être émue,
Tous les amans me supplier !
Un inconnu s'est offert à ma vue,
Et mon cœur ne peut l'oublier.
Ah ! pouvez-vous me dire
Quel changement s'est fait en moi soudain ?

MERLIN.

C'est l'arrêt du destin :
A l'amour votre cœur devoit enfin se rendre.

SCÈNE III.

ZÉLOÏDE, MERLIN, ALMÉDOR.

ALMÉDOR, *de la coulisse.*

ZÉLOÏDE.....

ZELOÏDE.

Je crois l'entendre.

ALMÉDOR.

Eloignons-nous de ces lieux ;
Fuyons un séjour odieux.

ZELOÏDE.

Que viens-tu d'apprendre ?
D'où peut naître cet effroi ?

ALMÉDOR.

Tout s'agite contre toi.
Jalouses de tes charmes,
Les bergères partout répandent leurs alarmes ;
Elles ont, dans leur fureur,
Porté plainte au gouverneur;
Il leur a promis vengeance,
Et tu dois, dès aujourd'hui,
Paroître devant lui.

ZELOÏDE.

Ne m'abandonnez pas, mon père ;
Sauvez-moi de mes ennemis.

MERLIN.

Avant la fin du jour, j'espère;
Mes enfans, vous serez unis.

ALMÉDOR et ZELOÏDE.

O jour cent fois prospère !

MERLIN.

Almédor, gardez-vous bien
De montrer votre amour pour elle ;
Vous, mon enfant. ne craignez rien ;
Paroissez si l'on vous appelle ;
Et dans les cœurs pour conserver la paix,
Qu'un voile à tous les yeux dérobe vos attraits.

TRIO.

ALMÉDOR et ZELOÏDE.

Ah ! Seigneur, contre l'injustice,
Protégez deux jeunes amans.

MERLIN.

L'Amour a reçu vos sermens,
Et l'Amour vous sera propice.

ENSEMBLE.

ALMÉDOR et ZELOÏDE.

Quel bonheur je ressens !
O transport ! ô tendresse !
Quelle céleste ivresse
S'empare de mes sens !

MERLIN.

Qu'ils sont intéressans !
J'aime à voir leur tendresse,
Et de leur douce ivresse
Les transports innocens !

MERLIN.

Séparons-nous, on pourroit nous surprendre :
Urgande en ces lieux va se rendre.
Plus d'une épreuve encor vous attend dans ce jour.
Ayez de la prudence :
Et bientôt votre amour
Aura sa récompense.

ALMÉDOR et ZELOIDE.

Quel bonheur, etc.

ENSEMBLE {

MERLIN.

Qu'ils sont intéressans, etc.

SCÈNE IV.

ALMÉDOR seul.

ELLE s'éloigne ! O Dieux ! Que devenir sans elle ?
J'ai toujours besoin de la voir.
Quel est donc sur moi son pouvoir ?
A peine elle me quitte, et mon cœur la rappelle !

SCÈNE V.

ALMÉDOR, URGANDE, ZIRPHILE.

URGANDE, *au fond du théâtre.*

ZIRPHILE, qu'est-il devenu?

ZIRPHILE.

Eh! le voilà, Madame.

URGANDE.

Enfin, il m'est rendu!

ZIRPHILE.

Je vous avois bien dit qu'il n'étoit pas perdu.

TRIO.

ALMÉDOR.

Bouquet charmant, gage de sa tendresse,
Ah! reste toujours sur mon cœur:

(*Urgande s'arrête auprès d'un bosquet, et écoute Almédor
avec le plus vif intérêt.*)

Toi seul fis naître mon ivresse;
Bouquet charmant, je te dois mon bonheur.

URGANDE.

Avec quel transport je l'écoute!
O moment mille fois heureux!

ZIRPHILE.

Ma foi, Madame, plus de doute,
C'est de vous qu'il est amoureux.

ALMÉDOR, *regardant son bouquet.*

De sa beauté c'est l'image fidèle ;
Que dis-je? elle est cent fois plus belle !
De son teint voilà l'incarnat,
De ses beaux yeux voilà l'éclat ;
Dans cette fleur à peine éclose
Je crois voir ses lèvres de rose.

URGANDE.

Ah ! Zirphile, il me ravit !

ZIRPHILE.

Grand Dieu ! quelle métamorphose !
Oh! que l'amour donne d'esprit !
Depuis un an, Madame, il n'en a pas tant dit.

ENSEMBLE.

Bouquet charmant, etc.

URGANDE, *s'avançant sur le devant de la scène.*

Tes vœux aujourd'hui même
Seront remplis, ô mon cher Almédor !

ALMÉDOR.

Quoi! j'obtiendrois celle que j'aime !
A mon bonheur, j'ai peine à croire encor !
O ciel ! vous consentez....

URGANDE.

Ne viens-je pas d'entendre
Auprès de ce bosquet
Ce que d'une voix si tendre
Tu disois à mon bouquet?

ALMÉDOR, *à part.*

Oh ! la méprise est excellente !
Mais laissons-la dans son erreur.

3

URGANDE.

Autant que toi je suis impatiente,
Et je veux dans ce jour couronner ton ardeur.

ALMÉDOR.

O jour de joie et de bonheur!

ZIRPHILE.

Et que dira Merlin?

URGANDE.

Je n'en ai rien à craindre.
A la fin, c'est trop me contraindre;
Je veux faire éclater mon amour à ses yeux.

SCÈNE VI.

ALMÉDOR, URGANDE, ZIRPHILE, COLI-
BRADOS, BERGÈRES, VILLAGEOIS.

COLIBRADOS, à Urgande.

On va conduire ici l'imprudente bergère
Qui porte le trouble en ces lieux.

URGANDE.

Que m'importe cette étrangère?
Que je m'en alarmois à tort!
Gouverneur, je vous fais l'arbitre de son sort.

AIR.

Qu'une brillante fête
Signale ce beau jour.

Annonçons à ma cour
La pompe qui s'apprête.
Que le nom d'Almédor soit partout répété ;
Que tous mes chevaliers viennent lui rendre hommage
Et que tout mon peuple partage
Et ses transports et sa félicité.

CHŒUR.

Que le nom d'Almédor soit partout répété , etc.

(*Urgande rentre au château avec Zirphile.*)

SCÈNE VII.

ALMÉDOR, COLIBRADOS, et les six BERGÈRES.

LES BERGÈRES.

Ah ! soyez-nous propice ,
Monsieur le gouverneur ;
Et de votre justice
Déployez la rigueur.

COLIBRADOS.

Vous venez de l'entendre ,
C'est moi qui dois la juger.
De ma sévérité vous pouvez tout attendre ;
Je vous promets de vous venger.

ALMÉDOR.

Que je me contiens avec peine !

3.

~~~~~~

SCÈNE VIII.

ALMÉDOR, COLIBRADOS, ZÉLOIDE *voilée*, *et conduite par plusieurs Gardes*, **les six BERGÈRES.**

COLIBRADOS.

RETIREZ-VOUS, on l'amène ;
Sans témoins je dois lui parler.

ZÉLOÏDE, *à part.*

Son air méchant me fait trembler.

COLIBRADOS, *à Almédor qui s'élance vers Zéloïde.*

Jeune homme, éloignez-vous.

ALMÉDOR.

Moi, que je l'abandonne !
Vous l'espérez en vain.

ZELOÏDE, *à Almédor.*

Rappelle-toi les conseils de Merlin.

ALMÉDOR.

J'obéis donc, puisque Monsieur l'ordonne.
(*Bas, à Zéloïde.*)
Que je m'éloigne avec regret.

COLIBRADOS , *aux Bergères.*

Dans peu de temps vous saurez mon arrêt.

LES BERGÈRES.

Ah! soyez-nous propice, etc.

(*Elles sortent.*)

SCÈNE IX.

ZÉLOIDE, COLIBRADOS.

COLIBRADOS.

Quel est votre nom ?

ZÉLOÏDE.

Zéloïde.

Hélas ! je suis simple et timide ,
Monsieur , parlez-moi doucement.

COLIBRADOS.

Je ne parle pas autrement.
Tout le monde ici vous accuse :
Vous avez, à force de ruse,
Troublé la paix de ce pays.

ZÉLOÏDE.

Ah! du moindre détour mon cœur est incapable.
Monsieur, je ne suis pas coupable.

COLIBRADOS.

Votre témérité va recevoir son prix.

ZÉLOÏDE.

Mais quel crime ai-je donc commis?

DUO.

COLIBRADOS.

Pour vous tout le monde soupire.

ZELOÏDE.

Eh ! Monsieur, dois-je m'en fâcher ?
Le doux sentiment que j'inspire,
Pouvez-vous me le reprocher ?

COLIBRADOS.

Vous connoissez l'art de séduire.

ENSEMBLE.

Pour vous tout le monde soupire,
Et je saurai bien l'empêcher.

ZELOÏDE.

Monsieur, voulez-vous bien me dire
Comment je pourrois l'empêcher ?

COLIBRADOS.

Mais d'où vient donc que chacun vous adore ?

ZELOÏDE.

Je vous jure que je l'ignore :
On me voit à peine, dit-on,
Que soudain le cœur s'agite,
Et que l'on perd la raison.

COLIBRADOS.

Je vous verrois cent fois de suite,
Que moi, je ne la perdrois pas.

ZELOÏDE.

Un homme de votre mérite
Ne sauroit redouter de si foibles appas.

COLIBRADOS.

Voyons-la donc cette beauté si rare !
Je suis bien sûr....

(Il lève son voile.)

Ah ! grands Dieux, qu'ai-je vu ?
Et quel trouble soudain de mes esprits s'empare ?

ZELOÏDE.

Tout comme un autre il est ému.

COLIBRADOS, *à part.*

Oh ! le divin sourire !
Mais gardons bien notre vertu.

(*Haut.*)

Je trouve très-mauvais que chacun vous admire ;
Je vais.......

(*A part.*)

En vérité je ne sais plus que dire.

(*Haut.*)

Pour vous tout le monde soupire.

ZELOÏDE.

Ah ! Monsieur, dois-je m'en fâcher ?

COLIBRADOS.

Vous connoissez l'art de séduire ;
Pour vous tout le monde soupire,
Et je ne puis m'en empêcher.

ZELOÏDE.

Monsieur, voulez-vous bien me dire
Comment je pourrois l'empêcher ?
Mais dans ces lieux si je dois être
Un objet de crainte et d'effroi,
Ah ! sans pitié renvoyez-moi.

COLIBRADOS, *à part.*

Quel effet ses yeux font sur moi !

(*Haut.*)

Non, non ; c'est moi qui suis le maitre,
Et je vous permets de rester.

(*A part.*)

Je ne devrois plus l'écouter.

(*Haut.*)

Prenez pitié de mon délire !

ZELOÏDE.

Monsieur le gouverneur soupire :
Ne devrois-je pas me fâcher?

COLIBRADOS.

L'amour que votre aspect m'inspire,
Pouvez-vous me le reprocher?

ZELOÏDE.

Hé quoi, vous voulez me séduire?

COLIBRADOS.

Oui, Zéloïde, je soupire,
Et je ne puis m'en empêcher.

ZELOÏDE.

A présent voulez-vous me dire
Comment je pourrois l'empêcher?

SCÈNE X.

ZÉLOIDE, COLIBRADOS, Bergers, Bergères.

LES BERGÈRES et ensuite LES BERGERS.

Ah! quelle étonnante aventure!
Le gouverneur à ses genoux!

ZELOÏDE.

Ah! Monsieur, je vous en conjure;
On vient; de grâce, levez-vous.

COLIBRADOS, aux Bergères.

Zéloïde n'est pas coupable.

LES BERGÈRES.

Est-ce ainsi que vous la jugez ?
Est-ce ainsi que vous nous vengez ?

COLIBRADOS.

Son seul crime à vos yeux est d'être trop aimable :
Demandez-lui pardon.

LES BERGÈRES.

Nous abaisser ainsi ? Non, non.

LES BERGERS.

Zéloïde n'est pas coupable,
On ne peut rien lui reprocher.

COLIBRADOS, *aux bergers.*

Je vous défends de l'approcher.
(*Aux bergères.*)
Demandez-lui pardon.

LES BERGÈRES.

Jamais.

ZÉLOÏDE.

Je leur pardonne.

COLIBRADOS.

Bergères et bergers, partez, je vous l'ordonne.

TOUS.

Non, nous voulons rester.

COLIBRADOS.

Tant d'audace m'étonne !
On m'ose résister !

TOUS.

Oui, nous voulons rester ;
Nous saurons résister.

COLIBRADOS.

Redoutez ma vengeance !

(*On entend une symphonie.*)

TOUS.

O ciel! l'air retentit de sons harmonieux!
Faisons silence,
C'est la reine qui s'avance.

⁓⁓⁓⁓⁓⁓⁓⁓⁓⁓⁓⁓⁓⁓⁓⁓⁓⁓⁓⁓⁓⁓⁓⁓⁓⁓⁓⁓

SCÈNE XI.

ZÉLOIDE, COLIBRADOS, URGANDE, *précédée
d'une Cour brillante*, BERGERS, BERGÈRES.

CHŒUR.

FAISONS monter jusqu'aux cieux
Nos transports et notre ivresse;
Et que partout l'alégresse
Eclate dans ces beaux lieux.

DEUX CORYPHÉES.

Dans d'éternels liens notre reine s'engage;
A l'époux de son choix offrons tous notre hommage.

CHŒUR.

Faisons monter, etc.

URGANDE.

Pourquoi donc Almédor n'est-il pas en ces lieux?
(*A part.*)
Ah! je respire à peine.

SCÈNE XII ET DERNIÈRE.

ZÉLOIDE, COLIBRADOS, URGANDE, MERLIN, ALMÉDOR, Bergers, Bergères.

MERLIN.

Il est devant vos yeux,
Et c'est Merlin qui vous l'amène.

ZIRPHILE, *à part.*

Que je redoute son courroux !

URGANDE.

Prince Almédor, la fortune jalouse
Fut long-temps injuste envers vous ;
Mais vous allez enfin jouir d'un sort plus doux ;
Il tient au choix de votre épouse :
Prince Almédor, décidez-vous.

ALMÉDOR *court se jeter aux pieds de Zéloïde.*

O belle Zéloïde !

URGANDE, *à Zirphile.*

Qu'ai-je vu ? Le perfide !

MERLIN.

Les destins sont accomplis ;
A la princesse Zéloïde,

C'est Almédor qu'ils ont promis ;
Et par Urgande ils devoient être unis.

(*Merlin lève sa baguette, et le théâtre s'embellit de toute part.*)

CHŒUR.

Mais dans un doux lien notre reine s'engage ;
A l'époux de son choix nous devons rendre hommage.

MERLIN.

Oui, peuple, c'est Merlin
Qui reçoit en ce jour et son cœur et sa main.

TOUS.

Vive à jamais le grand Merlin !

URGANDE, *à part.*

A lui céder serai-je donc réduite ?
Je devrois me venger, il me parle d'hymen.

ZIRPHILE, *bas à Urgande.*

Eh ! Madame, acceptez sa main,
Et vous vous vengerez ensuite.

URGANDE.

Tu crois que je dois l'accepter ?
(*A Merlin.*)
En vain je voudrois résister,
Il faut remplir ma destinée :
Vous le voulez, formons cet heureux hyménée.

MERLIN.

Oui, mais je promets bien de ne plus m'absenter.
(*Urgande donne sa main à Merlin.*)

CHŒUR.

Dans d'éternels liens notre reine s'engage ;
A l'époux de son choix offrons tous notre hommage.

MERLIN.

Que, libre désormais d'un fol enchantement,
  Chaque berger retourne à sa bergère.

COLIBRADOS.

Un instant j'oubliai mon grave caractère ;
  Mais, revenu de mon égarement,
Je reprends ma raison et mon gouvernement.

MERLIN.

La fête de l'Hymen, si long-temps suspendue,
  Va pour jamais combler nos vœux.
  Enfin la paix nous est rendue,
  Et l'amour préside à nos jeux.

CHŒUR GÉNÉRAL.

Faisons monter jusqu'aux cieux, etc.

(*Merlin et Urgande, placés sur un trône, couronnent Almédor, Zéloïde et les six Bergers et Bergères qui leur sont présentés par le gouverneur. La Pièce se termine par un Divertissement.*)

FIN.

www.ingramcontent.com/pod-product-compliance
Lightning Source LLC
LaVergne TN
LVHW022204080426
835511LV00008B/1556